창작동네 시인선 116

꽃잎 사랑

김인녀 제3시집

노트북

창작동네 시인선 116

꽃잎 사랑

인　　쇄 : 초판인쇄 2020년 03월 30일
지은이 : 김인녀
펴낸이 : 윤기영
편집장 : 정설연
펴낸곳 : 노트북
등　　록 : 제 305-2012-000048호
본　　사 : 서울시 동대문구 사가정로 256-4호 나동B101
전　　화 : 070-8887-8233 팩시밀리 02-844-5756
이메일 : hdpoem55@hanmail.net

2020.04 꽃잎 사랑_김인녀 세 번째 시집

정　가 : 10.000원

ISBN : 979-11-88856-17-6-03810

*저자와의 협의로 인지는 생략합니다.
*잘못된 책은 교환해 드립니다.

꽃잎 사랑

도서출판 노트북

목차

1부 꽃잎 사랑

008...꽃잎 사랑
009...개나리꽃
010...5월의 장미
011...5월에 부쳐
012...꽃바람
014...꽃비
015...목련꽃
016...벚꽃이여
017...복수초
018...봄
019...봄내음
020...봄 방학인가
021...봄소식
022...봄 나비
023...봄비는 내리는데
024...봄의 대지
025...봄의 유혹
026...봄의 입김
027...봄의 찬가
028...봄의 환희
029...사랑이었네
030...이 봄에
031...이팝나무 꽃
032...조팝꽃
033...두레박

2부 행복에 겨운 사랑을

036...행복에 겨운 사랑을
037...흐린 날에
038...호반의 애가
039...추억 속의 그 노래
040...우리는 하나
041...사랑하는 아들딸아
042...부모는 정원사
043...물레방아
044...무상
045...못다한 사랑
046...달빛 연인
047...달무리
048...능소화 연정
049...내 마음
050...매몰된 인정
051...가난한 마음
052...고향의 언덕
054...그때 그 시절
055...나는 혼자가 아니다
056...몽돌
057...비상의 날개
058...비 오는 날의 상념
059...빗방울 소리
060...삶은 나와의 싸움
061...마중물

3부 민들레

064...민들레
065...백수
066...분리수거
067...산울림
068...수평선
069...스마트 폰
070...싸구려 구두
071...아침 이슬
072...안개 속
073...유월의 아침
074...잡풀
075...인생의 적수는 자신이다
076...질항아리
077...파도 위에 갈매기 한 마리
078...펌프 물
080...웃으면
081...현대인
082...평사리 은모래 사장
083...주전자의 추억
084...환상
086...저녁 종소리
087...야경
088...호감
089...불사조
090...미스터리
091...목화
092...밤차

4부 누가 세월을 이기랴

096...누가 세월을 이기랴
098...개울가에서
099...갯바위
100...겨울 5일 장터
101...겨울 아침
102...겨울 찬비
103...겨울 한기
104...겨울의 울림
105...굿은 날
106...기다리는 봄
107...까치가 운다
108...꽃불
109...낮달
110...눈 사랑
111...눈 속의 매화
112...다육의 호소
113...대나무

115...詩해설

시어의 참신성과 탁월한 구사
김치홍 문학평론가. 문학박사

1부. 꽃잎 사랑

꽃잎 사랑

김인녀　QR 낭송/정설연

모퉁이 내리는 햇볕에
쌓여있던 눈이 스멀스멀 녹으니
내 님이 가까이 손짓하는 것 같구나

움츠렸던 화초가 기지개를 켜고
화사한 봄기운을 받아
수줍게 꽃대를 밀어 올린다

꿈에도 못 잊던 내 님
멀리서 힘겹게 오시는 내 님
붉은 사랑의 꽃을 바치리니

그 꽃잎 사랑에 응답하여
살포시 미소 머금고
꽃잎 사랑을 노래하소서.

개나리꽃

봄에 피는 꽃 하면
개나리꽃이
제일 먼저 떠오른다

이른 봄 양지바른 곳에
먼저 입술을 뾰족 내밀고
노란 웃음을 터뜨린다

잎도 나기 전에 노란 꽃잎
봄꽃들 중 먼저 피어난 개나리꽃
노란빛 아양 애교쟁이이다

김인녀

5월의 장미

울타리에 넝쿨장미
너울너울 팔 벌려 반기며
붉은 입술의 환희로
요염한 미소 머금었다

매서운 가시들로
범집하기 어렵시만
피어나는 짙은 향기로
많은 사람 불러 모은다

넝쿨장미처럼
사랑의 향기
진하게 뿌리며
나의 삶을 다듬어 보리

5월에 부쳐

머언 초원을 돌아온 그대여
움츠렸던 가슴을 펴고
두 팔 벌려 포옹하노니
진초록의 그리움
눈물 젖은 향수를
목 놓아 노래한다

미풍이 실어오는 신록의 향기와
들꽃들이 터뜨리는 함박웃음
산천초목들 푸른 합창을
내 가슴에 끌어안고 싶어라
시들지 않는 꿈을
그리고 풋풋한 사랑을
그리노라

김인녀

꽃바람

따뜻한 그대 숨결
잠자는 내 볼을 간지르고
부드러운 그대 숨소리
고요 속 내 귀에 속삭인다

바람 타고 날아온 그대
가슴을 누드리고
잔잔한 호수에
물수제비 뜬다

찰랑찰랑 잔물결 일고
햇빛에 반짝반짝
온 세상이 빛나고
행복으로 부푼다

타는 눈동자
뜨거운 정열 이글거리고
사뿐히 내 어깨를 토닥이고
끌어안는다

마음속에 스며들어
뛰는 내 심장
하늘 가득 지금 터질 듯
가슴속에 나비가 수만 마리
날아오른다

김인녀

꽃비

찬란하던 꿈이 홍수처럼
사랑의 노래 되어
내 마음 벽을 핥고

떠나는 님의 뒷모습
벌써 떠나야 하는
기약 없는 이별에 애가 탄다

짧은 만개의 기쁨
드센 바람 긴 아픔
찬비에 시린 가슴 부여안고

가늠할 수 없는 긴긴밤을
두려움에 떨며
차가운 눈물을 삼킨다

속절없이 가버린 그대
애달픈 메아리만
빈 하늘에 가득 추억이 애달프다

목련꽃

움츠렸던 가슴이
눈 녹듯 녹아도
겨울의 마지막 투정이
아직 응달에 웅성거리는데

아리따운 새아씨의 마음이
살랑이는 훈풍 타고
흰 드레스 하얀 너울
자태도 아름답구나

뽀오얀 고운 얼굴에
수줍은 듯한 그 향기
속세의 티끌 끼일까 봐
마음 저어하다

뉘라서 세월을
피해 갈 수 있으랴 마는
정신만은 곱게 다듬은
우아한 순결의 신부여.

김인녀

벚꽃이여

엄마 품속이다
포근하고 향긋하다
잊혀질듯 먼 엄마 얼굴
애틋한 기억 가슴 따뜻하다

엄마 옷자락이다
관심 사랑 희생
아롱다롱 맺힌 봉오리
평안과 행복 피어난다

엄마 사랑이다
환히 웃는 얼굴
인고의 세월 깊은 주름
감추인 향기 풍성하다

엄마 희생이다
아낌없이 내어 주고
목숨도 마다하지 않는 고운
젊을 적 엄마 모습이다

복수초

한설 삭풍도 숨죽이고
비스듬 언덕에 앙상한 나무들
해바라기 하며 하늘을 우러르다

쌓인 흰 눈 틈새로
창문을 활짝 열고
금빛 햇살에 볼을 비빈다

활짝 웃는 노란 얼굴에
기쁨 가득 행복 가득
계절을 전하는 봄 아씨

가슴 따스한 그대
매듭진 옷고름 겨운 사랑으로
말간 눈물의 흰 눈 보듬고 웃는다

김인녀

봄

조석으로 겨울 잔재 앙탈저도
봄바람이 춤추듯 살랑이면
사랑의 미소 달콤하고

모처럼 봄볕 맞으려
마스크 운동모 눌러쓰고
흰 운동화에 사뿐히 나간다

봄 햇살 따사롭고
연초록 새싹 양지에 뾰족뾰족
하늘거리는 고운 입술들

잠자듯 누웠던 길가 잡초들
긴 꿈에서 기지개 팔 벌리고
우리의 삶도 새싹 돋듯 일어난다

봄내음

봄볕도
싱싱 빛나는 아침
엄마의 손길이 바쁘다
언덕에 쏘옥 올라온
봄 쑥 한 바구니
흰 앞치마가
설거지물에 젖는다
살짝 데친 아기 쑥에
흰 눈 같은 고운 쌀가루
채로 내려 찐다
정지 툇마루에
가득 퍼지는 내음
봄맞이 님 그리움에
야윈 내 마음도
쑥 향기로 가득하다

김인녀

봄 방학인가

아침 일어나 창문을 여니
하얀 눈이 수북 창가를 덮어
흰 거품 넘실대는 눈바다 되었다

보통 때면 벌써 학생들
검은 조각배처럼 점점이 박혀
와자지껄 출렁일 터인데

발자국 하나 없고
모든 것이 정지된 바다처럼
창공에 침묵의 노래만 가득하다

넓고 조용한 바다에는
축구 골대가 덩그러니
버려진 배 마냥 구석에 혼자 외롭다

봄소식

그리운 이의 모습이 안 보여도
고즈넉한 언덕에
예쁜 꽃으로 오리니

사랑의 숨결 느낄 수 없어도
얼굴에 스치는 보드란
바람결로 애무하리니

아름다운 그대 노랫소리 없어도
창공을 울리는 아침
새소리로 그대 깨우리니

서성이며 떠난 얼굴
빈 들녘 소슬바람 찾아들듯
가슴속에 그대 영혼 숨어들어오겠지

김인녀

봄 나비

묵은 코트를 벗고 나서니
햇님이 꼬옥 나를 껴안는다

발걸음도 가볍게 깃털처럼
도림천 물 내음을 깊이 마신다

벤치에 앉아 하늘을 보니
높푸른 하늘이 짙푸르다

나비 한 마리 코앞에
날갯짓 교태를 뽐내고 있다

갑자기 재채기가 터지고
삽상한 공기를 가른다

님의 손짓인가 하여 가슴 설레고
그대 생각에 하루가 몽롱하다

봄비는 내리는데

위세를 떨치던 동장군
고개 숙이고 엉거주춤
저만치서 머뭇거리다

그윽이 부르는 소리 있어 내다보니
은실 같은 봄비가 소리도 없이
못 오시는 님의 발자국 인양 내 맘을 흔든다

오실 듯 오실 듯 안 오시는 님은
봄비 타고 살짝이 오시려나
기다리고 고대하는 그리움만 더한다

사랑하는 못 잊을 님이시여
보고지고 보고지고 열정이 끓는다
봄비는 내리는데

김인녀

봄의 대지

동장군의 기세 누르고
열기로 가득 찬 생명의 불꽃
정열의 열기로 충만하다

신방 신부의 얼굴 마냥
햇살에 씻은 불그레한 골짜기
붉빛보다 화사하다

달빛 속에 우주와 지난밤
새날의 밝은 빛이 창문을
환히 밝히듯 기쁨이 넘친다

신비가 서린 충만한 환희
홍수처럼 파도치는 꽃샘
목이 타는 새 생명의 잉태 꿈이 영근다

봄의 유혹

나는
푸른 가지에 뾰족 얼굴을 내밀고
봄볕에 몸을 말리는 새싹이다

나는
골짜기의 마른 언덕 기슭을 적시며
졸졸 흐르는 시원한 냇물이다

나는
나무에 주렁주렁 매달려
따먹기를 고대하는 붉은 사과다

나는
조용한 창공을 가르며
목청 돋우어 노래하는 새다

나는
따순 바람 타고 오는 님 소식에
가슴 녹아 온몸이 타오르는 사랑이다

김인녀

봄의 입김

찬바람이 아직 볼을 에이고
응달에 싸인 눈덩이 봄볕에 반짝이는데

하천의 얼음 녹는 소리
먼 산울림으로 들린다

정원에 목련화 봉오리
뽀얀 살결은 살포시 미소 짓고

연분홍 맑은 영혼이 꽃잎으로
봄 햇살에 날아오른다

봄의 찬가

상큼하고 신비에 찬 아침
눈을 뜨고 심호흡하니
창밖에 금빛 햇살 가득 찬다

훈훈한 바람이 살랑이고
웅크리고 언 가지에 걸린 생명
부활의 호흡이 시작된다

멀리 떠났던 님 소식
굳은 마음 녹이는 기별
저만치서 사랑이 손짓한다

삭막한 들판에 희망의 아지랑이
찬란히 터지는 꽃 잔치
흥이 넘치고 기쁨이 자지러진다

김인녀

봄의 환희

고운 꽃수레 타고 오시는 님
보드란 향기 풍기며
잠자는 가슴을 흔들어 깨운다

따사로운 바람에 숨어
볼 비비며 얼싸안고
활짝 웃는 웃음 기쁨이 터진다

힘겹게 안고온 님의 선물
연둣빛 새싹 한 아름
질펀한 꽃의 향연 즐거움이 어린다

흥건히 흐르는 사랑의 유희
빈곤했던 빈 가슴 적시고
뒤척이던 긴긴밤이 쏜살같이 새어간다

사랑이었네

오월의 햇살보다
더 수려한 그대 얼굴
눈앞에 아른거리고

깊은 호수 같은
그대 빛나는 눈동자
그 호수 속에 끝없이 빠진다

보리밭 높이 날아올라 우짖는
종달새의 노랫소리보다
더 청아한 그대 음성 귓가에 들리고

생각을 떨칠 수가 없고
꼭 안아보고 싶은 그대
잔잔하던 가슴에선 폭풍의 물결이 인다

김인녀

이 봄에

이 봄에 구례로 꽃구경 간다
흐드러지게 단장한 벚꽃
님 반기듯 환하게 날 보듬는다

이 봄에 산으로 봄꽃님 보러 간다
청아하게 노래하는 종달새
사랑 노래 하늘 높이 가득하다

이 봄에 추억 찾아 강으로 간다
그대와 다정히 손잡고 거닐던 발자취
한낮 겨운 햇살에 더욱 뚜렷이 떠오른다

이 봄에 그리운 님 맞으러 간다
꿈에도 그리던 고운 님
허기진 사랑 뜨겁게 꽃물 번진다

이팝나무 꽃

산책 길가에 늘어선
이팝나무 하얀 꽃
마디마디 소복소복
옛이야기가 걸려
효자가 이팝나무 꽃으로 밥 지어
굶주림의 사경에서
어미 소생시킨 이야기

지극한 효도에
임금님도 탄복하여
가마니 가마니 입쌀 하사하시니
그 효성 장안에 자자했다

봄꽃 터지듯
만개한 이팝나무 꽃
흰쌀밥 같은 전설의 꽃
가지마다 풍성하게 열려
보기만 해도
허기진 배가 부르다

김인녀

조팝꽃

희뿌연 새벽 오솔길에
해님이 솟아 먼동 틀 때
아침 이슬 함초롬히 머금고
나뭇가지 손을 뻗쳐 기지개 켠다

여름날 훈풍에 향기 싣고
앙증 걸음으로 오시는 님
님 생각에 긴 긴 여름날
지친 세월이 흘러간다

동박새 소리도 멀어지고
꽃길에 님의 고운 얼굴 뵈올제
겹겹이 쌓인 하얀 사랑은
물굽이로 굽이굽이 펼쳐진다

두레박

그 옛날에는 우물에 두레박
더위로 지치고 허기질 때
컴컴하지만 두레박 내리면
맑은 정한수로 갈증을 달래고
빈속을 채워 내 속에 힘이 솟았다

그 옛날 냉장고도 없을 때
우물에 띄워 두었던 참외 수박
컴컴하지만 두레박 내리면
시원하게 식혀진 과일을 건져 올려
더운 속을 달랬다

그 옛날 수도도 없을 때
물안개 꽃잎처럼 피어오르는
컴컴하지만 두레박을 내리면
추운 겨울이어도 따뜻한 물을 길러
빨래통에 누덕진 삶을 말끔히 헹구었다

두레박은 잊을 수 없는
생명의 은인 같은 추억이요
한 토막 잊혀져가는 사랑이다
그리움 가득 출렁인다

김인녀

2부. 행복에 겨운 사랑을

행복에 겨운 사랑을

비탈진 언덕에 나무들 듬성 서 있고
바람은 추위에 골목 돌아가며 소리치고
사람들은 두꺼운 옷에 가슴을 데운다

떠는 나무 포근히 햇살 보듬어 안아
언 가지 마디마디
초록이 희망 숨긴 채 침묵하고

바람은 남녘의 훈풍 데려다
헐벗은 골짜기에 풀어
꽃 피울 비상을 꿈꾸니

열정의 가슴으로
얼어붙었던 당신 사랑 깨워
행복에 겨운 사랑을 해보리라

흐린 날에

오래 계속되는 가뭄에
올 듯 아니 오는 님이여
내 마음은 스산하다

님은 멀어져 가고
바람만 후덥지근 흐린 날
내 마음만 작은 희망에 기댄다

하늘은 검은 구름 가득하고
새소리도 잠든 듯 잠잠한 날
내 마음은 그윽 고적하다

기다려도 기다려도
오지 않는 긴 기다림에
내 마음만 여의어간다

김인녀

호반의 애가

은은한 달빛이
나뭇가지 사이로
호수에 내려와 유영한다

찰랑이는 물결 위에
번지는 사랑의 멜로디에
가슴이 일렁인다

내 영혼이 헤매이 듯이
호수 속 외론 정령 잠 못 이루고
뒤척이는 몸부림인 듯

나를 위해 부르는
그대의 사랑 노래
물결을 흔들고

거기 머물러 지금도 흐르는
애잔한 노랫소리는
나를 찾는 목소리인 듯

추억 속의 그 노래

젊을 때 삶이 고통으로
때론 미움으로 가득 차
괴로움의 연속이라고 생각했었다

슬픔이 끊이지 않고
눈물도 많이 흘리는
나는 감성의 소녀였었나 보다

음악 시간에 '아 목동아'는
왜 그렇게 나를 울렸던가
사춘기의 감성이었었나

모든 것은 마음에 있는 것
지금 들으니 듬뿍 사랑이
가슴에 담긴 추억의 노래인 것을

김인녀

우리는 하나

당신이 나를 부르는 곳에
나는 언제나 그곳에 있네

당신이 나를 생각할 때에
나는 언제나 당신 머릿속에 있네

당신이 나를 보고 싶어 할 때
나는 언제나 당신 눈 속에 있네

당신이 나를 그리워할 때
나는 언제나 당신 심장 속에 있네

당신과 나는 항상 함께 있는
당신과 나는 영원한 하나

사랑하는 아들딸아

너희들은 나에게 큰 선물이다
달보다
해보다
더 아름다운 선물이다

매일 기억해라
너희들 기쁨 속에 나의 기쁨이 있고
너희들 웃음 속에 나의 웃음이 있고
너희들 행복 속에 나의 만족이 있다

항상 나는
너희들 성실을
너희들 건강을
너희들 복됨을 기도한다

김인녀

부모는 정원사

산다는 것은 끊임없이
주변을 돌아보고 끊임없이
자신을 다듬고 갈고닦는 것

정원의 나무도
새순부터 정성 들여
물주고 가꾸어 꽃 피우듯

부모는 애들을 돌보며
정신적 인격을 잘 조각하여
참교육으로 다듬어 가야지
튼실한 열매를 볼 수가 있다

향기로운 꽃을 피우는
부모는 헌신적인 정원사다

물레방아

영상시 QR

먼 날의 가슴 설레는 기억들
아련히 물레방아가
빈 가슴을 쿵덕쿵덕 찧는다

슬픈 사랑의 역사도
행복의 그리움으로 쌓인
추억의 눈을 가만히 뜬다

야윈 시간 속에 짜인 삶에
젊은 날 향수가 꽃으로 새겨져

그 옛날 물레방아 추억은 냇물에 돌고
내 가슴에는 옛사랑이 돈다

김인녀

무상

어느새 이 나이가 되었나
가는 모퉁이마다
허망한 존재로 채인다

이룬 것은 무엇인가
믿을 수 없는 허무한 나이
숫자만 어른거린다

바람 따라갔나
구름 타고 떠났나
눈 깜짝할 새 가버린 세월

얼룩진 삶이 낳은 주름살
정수리에 이는 뿌연 바람
구석구석 아린 자취뿐이다

못다한 사랑

어느 성인이 읊었던가
인생의 끝자락에 남아
끝까지 가져갈 것은
사랑하는 마음뿐이라고

마지막 날에
나는 무엇을 가지고 갈까
여름, 겨울방학도 또 휴가 중에도
가족과 보낸 시간이 없거늘

돌아보니
지금까지 나의 삶이 한심타
세월은 어느새 소리 없이
저 멀리 가버렸구나

갑자기 미사 중에
뜨거운 눈물이 와락 쏟아져
옆에 있는 신도 볼세라
콧물인 듯 얼른 코를 감싼다

김인녀

달빛 연인

해가 지고 어둠이 내리면
캄캄한 밤이 다가와
외로움이 파고들어

어두울수록 수려한 그대
말간 얼굴에 고운 미소
살며시 내 가슴에 안긴다

옥토끼 뛰는 소리
은빛 광채가
은하수 냇가에 반짝인다

그때나 지금이나 변함없는 그대
고독한 밤을 달래주는
그대는 나의 영원한 달빛 연인

달무리

세상 끝까지 사랑한다던
가슴에 옹이 박힌 사랑 못 잊어
달빛 아래 눈물집니다

안개 낀 강가에서 서성이듯
아련히 비춰오는 그대 모습
환하게 웃으며 다가오는 듯

깜짝할 사이 멀리 사라져 가는 그대
애가 타는 마음속에
그리움만 깊어집니다

꿈에라도 보고 싶은 그대
볼을 적시는 뜨거운 눈물 속에
뿌연 달무리만 흘러갑니다

김인녀

능소화 연정

왁자지껄하던 외진 골목길에
해님도 지친 듯 서산마루에 걸터앉아
노을을 밟고 지나는 아가씨를 훔쳐본다

그리움에 겨워 하늘을 우러르는
붉은 볼 내밀고 아가씨는
가로등보다 환하다

담 넘어 수줍게 웃는 아가씨
오뉴월 한여름에
장미보다 아름답다

아가씨는 요염 발랄
동네 총각 여럿 애태우고
볼에 주홍연지 활짝 교태가 흐른다

내 마음

세월은 물 흐르듯
쉴 새 없이
흔적도 없이
바람 따라 흐른다

젊을 적에 푸른 꿈
빛나는 미래의 환상
아직 가슴속에
남아 숨 쉬고 있다

지난해 내 시집 1권 냈고
다음 달에 내 시집 2권
내년 초에 내 시집 3권
모두 열권의 시집이 내 꿈이다

시간은 가고 가도
마음은 그대로
내 마음에 항상 그대 있기에
길이 젊은 열정으로 살리라

김인녀

매몰된 인정

맑은 하늘에 태풍이 밀려와
가로수가 뽑히고 지붕이 날아간다

산허리는 할퀴고
토사가 무너져 온통 흙 바다다

온화하던 이웃들 표정은
비통의 소리 되어 천지를 진동한다

가시밭 같은 인생사 속 따뜻한 인정은
홀로 흙탕물 속에 잠긴다.

가난한 마음

가는 곳마다 빈자리를 찾느라
젊은이나 늙은이나
눈알을 번득인다

전철 속 사정은
경쟁이 더 심해져
노인석도 앉기가 어렵다

세상은 살기 좋아지고
곳곳에 교회도 많지만
인정은 왜 더 각박해지는 것인가

마음이 가난한 탓인가
이타주의는 간데없고
내 영혼만 점점 야위어가누나

김인녀

고향의 언덕

문득문득 떠오르는
먼 고향의 푸른 언덕
밀 보리 익는 고향의 언덕
추억의 색실로 수를 놓는다

양로원이 된 우리 집은
뒷산의 언덕을 내려와
풀향기로 가득한
옹달샘이 거기 있고

봄에 고운 진달래
여름에 달착지근한 느릅나무
가을에는 새콤한 빨강 찔꽹이
겨울에 달디단 각가지 옛맛 새롭다

살진 언덕 위에 보리피리 불면
종달새는 공중에서 노래하고
외양간에 황소가
목청을 돋우었다

언제 가보리
북녘땅 고향 언덕
살아생전 단 한 번만이라도
찾아가 봤으면
그리운 나의 고향

김인녀

그때 그 시절

그때 그 시절 학생들은
학교에서 지정한 교육 영화 외
영화관에는 엄격히 금지 감시했다

시골 동네 극장에 춘향전 악극단이
선풍적 인기 속에 상연한다기에
머플러에 한복으로 가장을 하고

친구들 몇이 같이 뒷문으로 갔다가
누추하고 좁다란 찐빵집에서
킬킬대며 수다를 떨었다

그때 그 시절 극장은 거기 없고
그때 그 시절 그 친구들 어디 갔나
그때 그 시절 그리움만 남았네

나는 혼자가 아니다

나는 혼자 아침을 먹는다
나는 혼자 커피를 마신다
나는 혼자 티비를 본다

나는 혼자 슈퍼에 간다
나는 혼자 점심을 먹는다
나는 혼자 책을 본다

나는 혼자 산책을 한다
나는 혼자 저녁을 먹는다
나는 혼자 침대에 든다

그대 항상 내 가슴속에 있어
나는 혼자서도 잘할 수 있으니
나는 절대 혼자가 아니다

김인녀

몽돌

파도의 하얀 거품 몰려와
모난 돌멩이를 끌어안고
차가운 듯 뜨거운 입맞춤 하고

해와 달이 뜨고 지고
파도 소리 수천 년을
깊은 가슴에 담았다

그의 낯선 애무는
세월이 갈수록
기다림에 지쳐

젖은 심장을 핥아
가슴에 뜨거운 호흡
그리움으로 목이 메인다

비상의 날개

위축되지 말자
빛바랜 세월이 가물거린다고
노을이 창틀 위에 앉았다고

힘을 내자
마음 깊은 곳에 아직 열정이 있고
젊음의 푸른 희망 있으니

비상을 꿈꾸자
해는 내일 다시 뜨고
한강 물은 멈추지 않으리니

김인녀

비 오는 날의 상념

장막으로 가린 듯
뿌연 하늘이
내 정원에 내려앉아
나뭇잎 사이로
비밀을 속살대었다

빗속을 걸어가는
빨강 우산 노랑 우산
먼 옛날의 나를 보듯
창 너머 사라지는
그대를 연상하면

내가 헤엄치는 바다이고
나를 감싸는 포근한 안방이고
내 마음을 녹이는 따뜻한 벽난로다

한없이 걷고
그대 우산 속에
묵은 체취에 취해
온 세상이 흠뻑 젖어도
나는 그저 행복하기만 하다

빗방울 소리

따로 배우지는 못했지만
음악을 좋아하고 사랑한다
빗방울 소리에 마음도 함께 웃줄댄다

비 오는 날에는 유난히
노래에 대한 그리움이
가슴에 매달리고 추적거린다

새벽부터 창공 오선지에
음표가 송글송글 그어지며
빗방울의 노래가 구성지게 퍼진다

환상의 세레나데인가 하면
울리는 빗방울 교향곡인가
매혹의 노래가 삶의 굴곡을 반듯하게 편다

김인녀

삶은 나와의 싸움

무슨 일이든 잘못되면
조상 탓 부모 탓 누구 탓
남 탓하며 자기를 변명한다

세상사 잘 풀리는 사람의 면면을 보면
배를 곯고 고생하면서
어렵사리 가난을 극복했다

힘들수록 부모님의 은혜에
깊은 노고를 뼈에 새기고
분투노력한 어르신들

어떤 길을 걸어가건 또 살았건
그것은 모두 자기 결정에 따른 것
삶은 모두 자기와의 싸움이다

마중물

수명이 길어지고 있는 요지음
은퇴하고도 긴 세월을 살아내야 한다

산다는 것은 생산적인 사고의 활동이요
삶의 질을 좋게 하여 행복 지수를 올리는 거다

이런 시점에 나의 첫 시집에
주위의 지인 이웃들이 놀라는 듯하다

시를 쓴다는 것은 깊은 사고
살아있는 문장에 노력이 입혀지는 거다

삶의 의욕을 잃어가는 많은 이들에게
미흡하지만 마중물이 되었으면 좋겠다

김인녀

3부. 민들레

민들레

모래 언덕이라고
바위틈 자갈밭이라고
모두들 고개 돌려 먼 산을 볼 때

그런 틈새에 기꺼이 숨어들어
몸을 숨기고 깊은 호흡을 하며
내일의 꿈을 걸고 뿌리를 내린다

가뭄이 오던 장마가 지던
그대 굳은 마음 단련된 기량
무럭무럭 커지니 눈부신 인내다

노란 입술에 뜨거운 햇살 머금고
홀씨 영글 때 하얀 나래 달아
어디에나 날아가 자기의 땅 일군다

삭막한 돌 틈이든 하수구 언저리이든
우악스런 발자국에 짓궂게 밟혀도
파릇파릇한 생명, 희망 꽃피운다

백수

아침 해가 창문을 흔들고
새해가 대문 앞에 섰어도

삶의 방향이 없고
갈팡질팡 허송세월이 간다

하루해는 소리 없이 어느새
먼 산꼭대기에 걸터앉아 있고

무위도식할 일이 없이 바쁘고
영혼 없는 사랑이 절벽에 걸렸다

무질서한 나날이 피로로 얼룩져
두 눈이 충혈되어 쓰러지기 직전이다

김인녀

분리수거

생활이 향상되니
지나친 소비 타성이 생기고
자원이 고갈되어 간다

다행히도 분리수거가
자원의 재생산인 셈
자연정화와 삶에 보탬이 되리리

오랜만에 외출하려는데
기상청 일기 예보가
미세 먼지가 나쁨 단계란다

우리의 삶에 큰 변수인
기후의 기상을 분리수거
재활용할 수 있었으면

산울림

태고의 꿈 깊은 잠에서
고개 들고 헐벗은 산허리
돌아 돌아 오른다

푸른 하늘 햇빛 번지면
안개가 하얀 너울 날리며
바람 끝자락 붙들고 나른다

산 짐승 놀라 깨고
알 품고 누웠던 산새들
푸드득 날갯짓한다

산기슭 펜션에
창문 울리는 그대 목소리
귓가에 맴돌고 떨리는 내 가슴

김인녀

수평선

에메랄드 물결이 춤추는 바다
아련히 흔들리는 수평선
큰 파도 지나간 뒤 그 자리에 잔물결 인다

뱃고동 소리 높은 유람선이
점 같은 쪽배 그림자처럼 흔들려도
바다는 기기에 푸른 숨을 죽이고 누워있다

황금빛 햇살은
물결 위에 금가루를 뿌리고
푸르른 희망은 날개를 편다

스마트 폰

아침 해가 창에 가득 차면
그대 전원에 사랑이 충전되어
반가움의 정을 나눈다

오늘의 일기를 업데이트하고
스케줄을 하나하나 점검해
그대가 알려준 행방을 쫓는다

가까이 멀리 카톡 소식
빠짐없이 점검하고선
필요한 회신 날린다

그대가 내 곁에 있어
이것저것 요리저리
내겐 부족함이 없다

사랑하는 그대 있어
오늘이 순조로워 비단에다
전원의 꽃수를 놓는다

김인녀

싸구려 구두

며칠 전 새 구두 하나
착한 가격에 구입
신고서 흡족한 마음에 날듯이 나섰다

추적추적 내리던 비가
폭우처럼 쏟아져
옷이며 구두며 물에 흠뻑 젖셨다

발길을 재촉했으나
발목이 무겁고 걸리적거리고
구두 밑창이 덜컥거렸다

모른 척 구두창을 떼버리고
죄인처럼 사방을 살피며
나는 줄행랑을 놓았다

아침 이슬

세상이 잠들고 고요한데
달빛 타고 소리 없이 풀잎 위에
말간 구슬 되어 구르다가

동녘에 해가 얼굴 뾰족이 내밀고
고갯마루에 어둠이 걷히면
햇빛을 맞아 초목이 웃는 사이 반짝 사라진다

젊은 날의 빛나던 꿈도
가슴 설레던 고운 사랑도
눈 깜짝할 사이 아침이슬처럼 사라지는구나

꿈을 펼치고 뜨거운 사랑을 하자
늦기 전에 행복의 꽃을 피우자
우리네 인생 아침이슬 아니던가

김인녀

안개 속

태양이 빛을 잃고
달빛은 싸늘한 슬픔에 젖는다

세상이 온통 장막에 가려
희뿌연 적막 속에 헤맨다

네가 나를 낯설어하고
내가 너를 알지 못한다

친구가 없고 이웃이 멀고
너와 나 고독 속에 자기 정체가 희미하다

암울한 영혼이 탈출하려는 방황
안간힘을 쓰는 과정이다

유월의 아침

덧창 문을 열어젖히고
아침 공기 심호흡을 하니
먼 푸르른 하늘이 내게 안긴다

맑간 햇살이 쏘옥
유리 창문 속으로 들어와
따사로이 옹알이를 하고

정원의 꽃잎들
서로서로 입을 맞추며
아쉬운 잠에서 방긋이 깨어난다

구석진 곳에 웅크린
바람도 산들산들
곁눈질 너울거린다

엄마 품속같이 따사롭고
청춘의 봄날처럼 상큼하고
삶의 꿈이 청청 아름답다

김인녀

잡풀

오솔길에 무성한 잡초
늘
짙푸르고
활기차다

찌는 햇살 끌어안고
볼을 비비다
밤에는 찬 이슬에
숨을 죽인다

산들바람에 춤추는
잡풀일망정
늘 가슴에 사랑의 꿈 있어
즐겁기만 하다

가을이 가고
겨울이 와
잡풀은 뿌리를 묻고
겨우내 새싹의 꿈을 키운다

인생의 적수는 자신이다

중천에 뜬 해가 창문으로
배시시 들여다보며
잠자는 나를 흔든다
날씨가 찬 겨울 방 안의 공기도
차가우니 따뜻한 이불 속으로
날 유혹한다
조금만 더 눈 붙이고 누워
포근한 이부자리를 즐기자고 말이다

그렇게 내 안에는 두 개의 내가 있다
옳은 판단을 하는 이성의 나
안일과 즐거움을 탐하는 감성의 나
크고 중요한 결정을 할 두 개의 나는
서로 다툰다 자기가 옳다고
누구를 탓할 것인가
내 삶의 잘잘못을 남 탓하면 어리석다
인생의 적수는 바로 자기 자신이니까

김인녀

질항아리

부엌 한구석에
오래된 웃고 있는 질항아리

물 담으면 맹물 항아리
밀치면 출렁출렁 맹물 노래한다

술 담으면 술항아리
취한 듯 누룩 내음 풍긴다

질항아리 텅 비면
바람 안고 혼자 뒹군다

낮에는 햇빛 바라기
밤엔 어둠 가득 담고

달빛이 내리면
옥토끼와 술래잡기 한다

비어도 언제나 불룩한 배
희죽 웃는 질항아리 내 모습이다

파도 위에 갈매기 한 마리

갈매기 한 마리
파도 소리에 놀라
푸드득 날아오른다

푸른 하늘
먼 수평선에
외딴 섬 하나 아물댄다

노을 비켜 외로운 갈매기 한 마리
나를 닮아 옛일 떠올리며
눈물에 젖어 추억에 잠긴다

김인녀

펌프 물

돌아보면 어릴적 마당에
펌프가 고즈넉이
서 있다

엄마는 식때가 되면
물 한 바가지 붓고
핌프질한나

펌프질은 쉬운 듯하지만
힘이 많이 드는 듯
애를 많이 쓴다

물 한 바가지 더 붓고
얼굴에 힘줄이 서도록
힘에 버겁다

모래 섞인 붉은 물
조금 올라오면
버리고 또 버린다

물이 쏴 쏟아지면
쌀 씻고 푸성귀도 헹구고
생명수이다

불편하고 힘들어도
여유의 멋
낡은 낭만이 흐른다

김인녀

웃으면

매일 좋은 일만 있다면
세상사 걱정이 없으련만
인상 쓰고 바라보면
행복은 저 멀리서 눈을 흘긴다

미소 지을 때 그대도 미소 짓고
웃음소리 나면
해님도 금빛 햇살 내려주어
세상이 행복으로 넘친다

웃으면 기분이 좋아지고
웃으면 소화 잘 되고
웃으면 머리도 맑아져
근심이 도망간다

현대인

기술이 첨단화되면
사람의 마음도 달라져
많은 사람 속에서도 나 홀로 외롭다

자신의 안위가 우선이고
타인의 배려가 없고
흉악한 범죄들이 들끓는다

숲이 사라진 산언덕에
싹 틔우지 못하는 나무처럼
삭막한 삶이고 몰인정한 인심이다

청상의 밤이 길듯이
나에게 주어진 지루한 세상 길을
혼자 뚜벅뚜벅 걸어간다

김인녀

평사리 은모래 사장

오랜 세월 흘러 흘러
헤아릴 수 없는 날들
풍파로 끄달린 모래 알갱이
수 십리 늘어져 있다

해가 나면 햇빛에 반짝반짝
은빛 웃음 빛나고
비가 오면 비에 젖어
섬진강 강물 함께 흐른다

사랑의 추억 긴 발자국
어제도 오늘도
섬진강 흐르는 시간 속에
애환의 흔적 고스란히 남는다

명사십리 해당화라 했던가
평사리 은모래 사장에는
사랑을 울부짖는 동백꽃이
붉게 피를 토하며 피어있다

주전자의 추억

겨울이면 생각나는
주전자의 하얀 입김이
언 가슴을 녹인다

한겨울 언 몸으로 집에 가면
주전자에 맹물 팔팔 끓여
비싼 보약보다 더 비싼 그 한 모금의 물

주전자는 항상 거기에 있었고
물 끓으면 퐁퐁 오르는 서린 김은
엄마 품속같이 포근하다

가난했던 그 시절에는
따끈한 그 물 한 잔이
내게는 간식이고 보약이었다

김인녀

환상

이름도 모르는 이상한 나라에
꼬불꼬불 산길을
님의 손을 잡고 헤매는데
발이 돌에 걸려 엎어지려는 찰라
님의 손 꼬옥 잡는다

이름노 모르는 바다에
푸른 파도 넘실넘실
이리저리 떠밀려
물속에 빠지려 할 때
님의 팔로 나를 건진다

이름도 모르는 이상한 환상이
먼 지평선의 신기루
꿈이 현실이 된 듯
허상에 사로잡혀 허덕일 때
예기치 않은 낭떠러지 아래로 떨어질 때
님의 손이 나를 낚아챈다

이름도 모르는 이상한 꽃들
님 떠나기 전 심은 그들이
흐드러지게 무더기로 피어

무엇인가 외치듯 봉우리마다
많은 이야기가 나를 따라 다닌다
아 이제 들리는 듯
사랑한다는 외침이

김인녀

저녁 종소리

하루의 일과는 긴 듯하나
해는 어언 서산에 걸리고
저녁놀에 어스름이
몰려온다

브레이크 고장 난 차가
뒤를 따라오는 듯
숨 가쁘게
삶이 미끄러진다

기쁘면 웃고 슬프면 울며
어긋나는 인간사에
허물어진 인정에
일상이 허우적 댄다

믿음은 얼굴 뒤에 숨고
쫓기는 삶에 길 잃은 나
경내 울리는 저녁 종소리에
내 영혼을 찾고저 하늘을 올려다본다

야경

멀리 가까이 몰려오는 소음의 전시장
캄캄한 밤이 점령하여 모두가 잠든다

깊은 밤 잠은 안 오고 눈빛만 초롱초롱
하늘에 별들의 속삭임만 가득하다

베란다에 서니 병풍같이 둘러선 아파트
한두 창문에 불빛 그리고 도서실 네온사인만 빛난다

고층 아파트 꼭대기에 붉은 감시등
충혈된 눈으로 자꾸 껌벅껌벅 나를 응시한다

불 꺼진 창안에 광명의 꿈은 무성하고
내일을 향한 푸른 희망의 휴식이 익어간다

김인녀

호감

그대를 아직 잘 모르지만
우리의 만남은 우연이 아닌 듯

처음의 만남이었지만
오래된 친구처럼 스스럼이 없고

은근한 미소와 꾸밈없는 말투
새롭고 다정하고 인정스럽다

익숙한 매너 몸에 배인 강의
성을 다하는 모습 눈에 선하다

그날은 유난히 햇빛이 뜨겁고
맑은 하늘이 드높고 푸르렀다

이렇게 하늘이 푸른 날에는
그대의 모습 그리움도 짙게 다가온다

우리의 만남은 누가 뭐래도
아름다운 만남으로 가슴에 깊이 남으리라

불사조

금방이라도 쓰러질듯
날갯짓이 느리고
지친 눈빛이 몽롱하고
아득한 것처럼 보인다

하지만 새 울음소리는 낭랑낭랑
전에 날던 일들을
고주알미주알 사설을 하는 듯
짹짹대는 폼이 신비하다

싹싹하고 상냥하며
친절하고 정이 많은 듯이
비행도 곡선을 그리며
격이 없이 살갑고 화려하게 난다

지금 날갯짓이 둔탁한 듯하지만
기운이 팔팔 활기 물들이고
높이 날 것을 알으니
빛나는 비행할 것을 자부한다

김인녀

미스터리

아침 눈을 뜨고 일어나 보니
예전과 다름없이
하늘은 푸르고 햇빛은 회사 하다

그런데 조금 휑하고 어리어리
눈앞이 멍하니
무엇인가 이른기린디

자세히 응시해 보니
다이아몬드 같은 것이
이리 번뜩 저리 번쩍 어른거린다

관심도 없는데 어제 세미나 탓인가
다이아몬드에 흡수된 듯이
가슴속까지 번득인다

목화

굳은 껍질을 힘겹게 뚫고
연약한 풀 같은 푸른 꽃대
끈적한 껍질 까실한 가시 품고
세상에 모습 보인다

산들바람을 스치고
폭풍우와 싸우며
질기게 세상을 살아내고
하얀 꽃을 피운다

향기로운 하얀 꽃
빨갛게 오므리는 입술
엄마 젖꼭지 같은 열매
단단히 영근다

햇살의 뜨거운 입맞춤에
살금살금 옷을 벗고
뽀오얀 속살 도려내며
웃음으로 사랑을 틔운다

보드랍고 폭신한 그대
질긴 삶 무명옷으로
엄동설한 따뜻하게
나를 감싸고 모든 것 내어준다

김인녀

밤차

울적한 가슴을 안고
내달려온 생의 뒤안길에서
어둔 안개 숲을 가르는 밤차는
이 밤도 하염없이 떠나간다

차창 밖에는
무수한 별들이 하니둘 수놓고
내 마음속 추억이
싸락눈처럼 쌓여 가고

기적을 울리며
세월의 수레바퀴는 돌고 돌아
고단한 삶을 잠시 내려놓고 싶어도
첩첩산중을 돌아 교차로를 향해 달려간다

모든 슬픔도
채워지지 않는 아픈 사랑도
바람처럼 가르며
속절없이 흔들리고

아득히 먼 종점을 향한 밤길
고독은 눈을 비비고
내 운명 속을 달리는 밤차는
이 밤도 정적을 울리며
새벽을 맞으러 달린다

김인녀

4부. 누가 세월을 이기랴

누가 세월을 이기랴

건강하고 씩씩하던 오랜 친구가
몇 년 아프다고 했으나
병문안 갈 엄두가 안 나던 차
서울서 멀지 않은 곳으로 이사 왔다기에
만사 제쳐 놓고 점심을 같이한다

얼굴은 살이 올라
보기에 나쁘지는 않은데
같이 간 친구들과 서로서로
그 간의 인사를 나누고
나를 보고 쌍용 시멘트로 왔냐 한다

반가움도 잠시 조금 놀라고
앞니는 두 개가 빠져
말소리는 새는가
발음이 어눌하고
눈동자 초점이 흐릿하다

식사가 앞앞에 준비되고
고기를 발라 주었으나
고기는 잊은 듯
꾸역꾸역 밥만 먹는다

앉은 자리에서 제힘으로
일어서는 것도 도움이 필요하고
걷는 것도 남을 의지해야 하니
같이 사는 여식의 어려움 오죽하랴
새삼 세월이 야속하다

김인녀

개울가에서

맑고 잔잔한 가슴에
푸른 하늘 끌어안고
조용히 속삭인다

그대를 사랑했노라고
지금은 떠나버린 아픔
피할 수 없는 운명을 안타까워한다

가슴에 새겨진 그대 모습
귀를 맴도는 그대 목소리
어찌 잊을 수 있으랴

개여울 물소리에
가슴 에이는 그리움 풀어
불러 본다
보고 싶다고

갯바위

외딴곳에 출렁출렁
파도를 그리워하며
외로움에 떨고 있는 갯바위

큰 파도 해변에 이를 즈음이면
지친 듯 산산이 부서지고
하얀 포말로 눈을 번쩍 뜬다

인정스런 별별 이웃들
굴 딱지 그리고 별무리들
함께 어울려 살풀이춤을 춘다

그대 그리는 목마름으로
검게 타버린 가슴은
푸른 하늘을 우러러 기지개를 켠다

김인녀

겨울 5일 장터

삶의 현대화로 5일 장터는
골동품처럼 먼 시골에서야 만날 수 있다

보따리 보따리 흰머리 아낙들
귀퉁이에 알곡 뭉치 말린 산나물로 채운 전시장

한 전설을 일깨우는 듯
뻥튀기 아저씨 신나게 기계를 돌린다

한겨울 녹이는 순대국밥집 김이 모락모락
줄을 늘어선 옛날 호떡집에 열기 뜨겁다

쌀집 어물전 옷가게 풍성하게 늘어서
작은 한 세상 많은 사연이 질펀하다

한 줌 햇빛도 서러운 저녁놀 비켜 가는 장터
한도 많고 흥정도 신명 나는 장터에
저녁이 늦도록 취해 붉게 빛난다

겨울 아침

굴뚝에 하얀 연기
깃발처럼 오르는 겨울 아침
안방에 아기 인형들이
엄마와 아침 옹아리 한다

처마에 매달린 고드름
동녘 햇살에 빛나고
골짜구니 하얀 구름 너울이 춤춘다

먼 길 가는 나그네
하얀 입김을 뿜으며
바쁜 하루 서둘러 재촉하여 걷는다

빈 가지에 새 한 마리
푸른 창공으로 솟아오를 바로 그때
나는 잊은 옛 고향을 떠올린다

김인녀

겨울 찬비

헐벗은 골짜구니 봇물이
흰 속살 드러내고
찬비에 젖어 신음을 토한다

숲속에 토끼가
우중에 자기 굴을 찾다가
굶주린 여우와 딱 마주치듯

길 잃은 강아지
외진 도로의 경적소리에
놀라, 깜짝 몸을 웅크린다

급히 먹은 점심
애끓는 시상에 걸렸나
어지럼이 온몸에 차갑게 번진다

겨울 한기

세월이 꿈같이 갔다고
나이를 셀 사이도 없이 늘었다고
한숨짓지 않아도 몸이 먼저 안다

삼단 같던 머리카락 은실같이 날리고
복사꽃 같던 볼은 움푹 파이고
세월을 말하는지 마디마디 비명이다

무릎은 찬바람 쌩 지나고
눈은 안개에 가리어 헤매는데
느느니 뱃살 반갑지 않다

한겨울에 엄습하는 허기가
목까지 차와도 찾는 것은
양지에 한 줌 햇살뿐이다

김인녀

겨울의 울림

사랑으로 오리라던 그대
하얀 꽃잎으로 오리라던 그대
찬바람 등에 업고 그대는 슬그머니
옷깃 속으로 기어든다

맑은 하늘에 청명한 북극 전령 되어
비끌세싱을 히얗게 덥기도 하고
산사람들을 높은 산기슭에 가두기도하며
희희낙락 계절을 탐닉한다

그대 차가운 입김은
두렵고 움츠러들게 위협을 가해
병마의 검은손을 날뛰게 하고
허약한 이들은 두려움에 떨게 한다

세찬 바람은 허한 산울림으로
싸늘한 고독의 메아리 되어
흰 눈 날리며 나무를 흔들고
봄을 기다리는 절절한 소망은
깊은 잠에 빠져있다

궂은 날

봄 아가씨
근심 어린 얼굴에
회색 구름 널려 있다

꽃밭에 꽃잎들은
생기 잃은 매무새로
움츠려 서글픈 심사다

갈대밭에 바람 숨어
밀어를 속삭이고
하늘은 잔뜩 찌푸리고 있다

푸른 하늘 흰구름 대신
냇물 속에도 먹구름 넘실
그것은
님 잃은 심란한 내 마음

김인녀

기다리는 봄

삭풍이 잦아들고
창가에 햇살이 가득한데

그대는 길을 잃고
어디를 헤매는가

헐벗은 골짜구니를
맴도는가

마른풀 속을
기웃거리는가

살얼음진 웅덩이를
지치고 있는가

기다려도 애태워도
더디 오는 사랑아

까치가 운다

정원의 나뭇가지 끝에
새벽부터 봄 까치 깍깍 운다

님 소식 애타는 가슴
까치 울음에 귀가 번쩍 열린다

바람 타고 오시려나
햇살 결에 보이려나 내 님이여

까치 울음 빈 하늘을 가르는데
님소식 없어 그림자만 질펀히 흩어진다

보고 싶은 님 언제 오시려나
창가에 그리운 눈길만 낭자하다

김인녀

꽃불

차가운 구들장을 녹이는 장작 불꽃이
말 없는 아궁이를 달구고

가득히 메운 매캐한 호롱불이
컴컴한 초가마을 밝히는데

처녀 허리같이 날렵한 촛불 꽃은
붉게 타서 자기 몸을 불사르는구나

그대 향한 뜨거운 내 사랑은
가슴 속에 꽃불로 붉게 타오르는 밤

낮달

한 국회의원이 어렵사리 당선되어
첫 등원 날 반바지 티셔츠 차림이어서
문전 박대로 돌아가야 했던
웃지 못할 글귀

때와 장소를 알아 처신함도
세상사는 이치이고
미쁜 민생을 밝게 이끄는 것은
지도자의 순리이다

밤에는 무한한 우주를
그리고 풀숲을 비추는 달덩이는
중생의 골목 골목을
어김없이 비추는 것이 세상 이치다

대낮에 길을 잃고 멍하니
혼자 떠 있는 낮달은
세월에 밀려온 우리의 얼굴처럼
낯설기만 하다

김인녀

눈 사랑

고요가 어둔 밤을 차지하고
피곤에 들뜬 눈을 껌벅이는데
잠은 오지 않아 뒤척이다

여인의 비단 치맛자락
사각사각 스치는 소리
밤새 속살내머 다기오는 그대

목마른 나무 생명수 되고
먼지 낀 무딘 가슴속에
서린 고운 기다림 휘젓는다

환상처럼 들뜬 그리움 일고
그대 품속에 사르르 녹는 사랑
설원의 맑고 반짝이는 신세계 열린다

눈 속의 매화

억 겹의 추위도 기꺼이
순수한 고운 미소에
핑크빛 입술로
입맞춤한다

흰 눈 속에서도 밝은 얼굴에
맑은 눈물 두 뺨을 적셔도
가슴에 스미는 연분홍 향기
그윽하게 퍼진다

살을 에이는 추위에 고뇌도 잊은 채
향기가 서리서리 서리어 풍기는가
어느 여인의 매서운 한이 그러하기에

김인녀

다육의 호소

지난겨울 많은 다육이
다 녹아 사라지고 남은 한 포기
깨알 같은 꽃봉오리 힘겹게 밀어 올린다

잎에 비해 빈약한 꽃대
손톱눈 같은 꽃송이가
허약하게 나부낀다

시들시들 늘어질 적마다
부지런히 물을 주어
진한 사랑을 퍼부었다

다육은 내게 호소한다
과함은 부족함만 못하다고
내 과한 사랑이 너무 숨차서 힘들다고

대나무

한겨울의 삭풍도 품어
봄날을 기약한다
모두 빛바래는 숲속에
홀로 청청 흰 눈을 이고 섰다
참새도 숨어들어
추위 피해 쉬어 가는 푸른 대숲
사시사철 푸르른 절개
우리에게 주는 큰 교훈의 그대
속은 비어도 단단하고
여름에는 합죽선으로
더위를 쫓아주어
시원히 쉬게 해주고
바구니 돗자리 가방
생활에 필수적이고
우리 삶 속에 깊숙이 자리한 그대
사랑합니다

김인녀

詩해설

김인녀시인 시집《꽃잎 사랑》

시어의 참신성과 탁월한 구사

김치홍(문학평론가, 문학박사)

서정시는 주관적인 느낌을 일방적으로 펼쳐내는 문학의 한 형식이지만, 읽는 사람의 마음을 변화시키고 세계를 변화시킬 수 있는 힘을 지니고 있다. 시의 언어와 정서의 아름다움은 상처받은 사람뿐 아니라, 위로 받아야 할 많은 사람들의 마음을 정화(淨化)시키며 영혼을 위무(慰撫)하고, 그것을 더 높은 차원으로 고양시키는 승화의 기능을 가지고 있다. 이러한 기능은 시적 자아와 객체 혹은 세계가 동일화된 것을 읽음으로써, 독자도 일체감을 느끼는 과정에서 이루어지는 것이다.

따라서 서정시는 시적 주체와 객체 혹은 세계가 하나로 융합된 이상적인 상태인 동일성의 세계를 지향한다. 이 서정적 동일성을 지향하는 과정에서 시인의 정서나 가치판단이 개입되어 나타난다. 대상을 선택할 때나 대상을 인식하는 순간, 사물들이 가지고 있던 기존의 정서나 가치에 대한 분열과 해체가 이루어지고, 시적 자아에 의해 새로운 통합을 도모하려는 의지가 개입되어 또다른 정서적 느낌이나 사상(事象)에 대한 인식이 이루어지게 된다. 이러한 과정이 반복 점증되면 자아의 정체성이 정립되게 된다. 따라서 서정시가 인류의 보편적 가치를 토대로 할 때, 사회적 통합과 개인의 내면적 인격적 통합이 이루어진 합일을 꾀하게 된다. 서정시는 바로 동일성에 대한 지속적인 시도의 한 문학적인 방법으로, 이미 정립된 의미나 이미지를 또 다른 관점에서 새로운 해석을 시도하는 것이다.

1. 감각적이고 섬세한 시어

 김인녀 시인의 시에서는 평범하고 일상적인 소재들을 서정적 감각으로 조직화하여, 평범하지 않은 감동과 깨달음을 준다. 일상적인 소재들을, 비단을 직조(織造)해 놓은 것 같은 언어로 변모시켜 평범한 '시어의 반란'으로, '잘 빚어진 항아리' 같은 시를 만날 수 있다. 그런 한편으로는 감각적인 서정성으로 무장한 이면에서는 인생의 바른 자세를 보여주는 편린(片鱗)을 발견할 수 있다.

> 세상이 잠들고 고요한데
> 달빛 타고 소리 없이 풀잎 위에
> 맑은 구슬 되어 구르다가
>
> 동녘에 해가 얼굴 뾰족이 내밀고
> 고갯마루에 어둠이 걷히면
> 햇빛을 맞아 초목이 웃는 사이 반짝 사라진다
>
> 젊은 날의 빛나던 꿈도
> 가슴 설레던 고운 사랑도
> 눈 깜짝할 사이 아침이슬처럼 사라지는구나
>
> 꿈을 펼치고 뜨거운 사랑을 하자

김치홍

늦기 전에 행복의 꽃을 피우자
우리네 인생 아침이슬 아니던가
(〈아침 이슬〉 전문)

　시의 이미지는 주로 시어의 형상화에서 나타나는데, 이 시인은 언어의 선택과 조합이 탁월하다. 1연에서는 구슬이 되는 과정을 이야기하고 있는데, 모두가 잠든 고요한 시간이라는 시간적 배경 뒤에 제시한, '달빛을 타고 소리 없이 맑은 구슬이 된다'는 표현이 아주 신선하게 느껴진다. 달빛과는 관련성이 하나도 없는 것을 이슬이 되기 위해서는 필요한 과정처럼 설정한 발상이 참신하다. 밤사이에 차가운 기운이 이슬로 변화하는 것을 이렇게 표현한 것이다. 고요한 시간과 달빛을 받아 만들어진 맑은 이슬은 신비함까지 느껴지도록 한다. 2연에서는 어둠이 걷히면서 해가 돋으면 이슬은 사라지는데, 그 모습을 '햇빛을 맞아 초목이 웃는 사이 반짝 사라진다'라고 했다. 여기에는 햇빛을 받아 사라지는 것을, 동시에 일어나는 현상으로 표현하여 두 가지 관점에서 보여주고 있다. 하나는 햇빛을 받아 반짝이는 순간 맑은 이슬은 사라진다는 대상에 대한 직접적인 표현이다. 이것은 아무리 반짝이는 것도 반짝이는 그 순간 사라지는 것을 말하고 있다. 반짝이는 순간 사라지는 것은 이슬만일까? 아닐 것이다. 인간의 일도 반짝이는 순간에 사라진다. 반짝이는 것은 아주 짧다. 영롱한 것이나 환희의 시간은 길지 않다는 의미일 수 있다. 또 하나는 '초목이 웃는 사이'에 반짝 사라진다는 것으로, 이슬과 함께 있는 주변적 존재, 즉, 타자(他者)의 반응이다. 이슬이 반짝일 때 초목도 함께 웃어주고 기뻐하지만, 함께 웃는 그 순간 모두 사라지고 만다. 청중의 환성도 잠시뿐이라는 의미를 함축하고 있다. 반짝하는 것은 그 순간뿐이라는 것으로, 아마 환희의 순간에 자만과 도취를 경계하는 의미를 내포한 말일 것이다. 3연에서는 2연의 의미를 자신의 세계로 환유(換喩)시킨 것이다. '젊은 날의 빛나던 꿈'이나, '가슴 설레던 고운 사랑'이, '달빛 타고 소리 없이 풀잎' 위에 구르는 이슬과 방불(彷佛)함을 말하고 있다. 따라서 꿈이나 사랑은 환희에 빛나는 것이고, 초목이 웃는 것처럼 모두가 기뻐해 주지만, 이슬을 반짝이게 했던 그 햇빛으로 곧 사라지듯이 세월에 의해 사라지고 만다. 그리고 서술어 '사라지는구나'에 담겨진 의미는 시적 자아 자신 또한 반짝이는 사이에 '반짝'했던 모든 것이 사라졌음을 아쉬워하고 있다. 4연은 이와 같은 원리를 인간의 보편적인 삶으로 확장하여 기쁨이나 아름다움만 순간에 사라지는 것이 아니라, 인간의 삶 자체가 전 우주적(宇宙的) 질서에 따라 아침이슬처럼 순간에 사라지는 존재임을 터득하고 난 뒤에 '행복의 꽃을 피'울 것을 다짐한 것이다.

  1연과 2연은 말간 구슬이 예쁘지만 순식간에 사라진다는 이슬의 속성을 제시하여 3,4연의 원관념에 대해 보조관념의 기능을 하고 있다. 3연과 4연은 이슬의 속성과 같은 인간의 삶을 피력하고 극복하는 방법을 제시하고 있다. 이 시에서 시인은, 인생은 모두가 맑은 구슬처럼 잠시 웃고 즐기는 사이에 사라지는 것임을 말하고 있다. 이미 이러한 진술은 '새벽 이슬 같은 젊은이'(〈시편〉110;3)이라든가, '인생초로(人生草露)'(《한서(漢書)》, 〈소무전(蘇武傳)〉)라고

김치홍

했던 것에서 확인할 수 있지만, 흐르는 세월에서 젊음의 아름다움과 짧음을 굳이 철학으로 길게 논하지 않고, 서정적인 시로 말하는 것은 시인의 특권이며 장점이리라.

 이와 같은 시의 서정성은 직접 우리 마음으로 파고들어 파문을 일으키면서 삶에 대한 태도를 되돌아보게 한다. 억압의 세월을 참고 견딘 뒤 마침내 이겨내 환희 속에서 새로운 세계를 꿈꾼 〈봄의 대지〉나 인고의 삶을 노래한 〈민들레〉도 이와 같은 부류의 좋은 작품이다.

  고요가 어둔 밤을 차지하고
  피곤에 들뜬 눈을 껌벅이는데
  잠은 오지 않아 뒤척이다

  여인의 비단 치마 자락
  사각 사각 스치는 소리
  밤새 속살대며 다가오는 그대

  목마른 나무 생명수 되고
  먼지 낀 무딘 가슴속에
  서린 고운 기다림 휘젓는다

  환상처럼 들뜬 그리움 일고
  그대 품속에 사르르 녹는 사랑
  설원의 맑고 반짝이는 신세계 열린다
           『눈 사랑』 전문

 이 시는 4연으로 간단하게 잘 정리된 한편의 동영상이다. 그러나 화면을 통해 눈으로 보는 것이 아니라, 상상을 통해 마음으로 보는 심상(心象)의 동영상이다. 1연에서 눈이 내리는 공간적 배경으로 심리적 상황을 제시하였다. 잠은 오지 않는 고요하고 깊은 밤에 시적 자아가 뒤척이고 있다. 시인은 서술어의 시제(時制)를 제거하여 객관화하였다. 2연에서는 눈이 내리는 것을 청각 이미지로 제시하였는데, 하나는 눈 내리는 소리이고, 하나는 눈이 내리는 시간이 오랫동안 지속되고 있음을 말하고 있다. 눈이 내리는 소리는 마치 여인의 치맛자락이 스치는 소리 같은데, 무명치마가 아니고 곱게 대린 비단 치마가 스치고 지나가는 소리처럼 들렸고, 그리고 밤새도록 눈이 내리고 있는 것은, 마치 작은 소리로 쓸데없는 이야기를 끊임없이 말하고 있는 것처럼, 눈이 지속적으로 내리고 있음을 보여주고 있다. 눈이 내리는 이미지와 오랜 시간 눈이 내리는 것을 청각 이미지로 표현한 것이다. 그런데 이 연 첫 행에서 '여인의 비단 치마 자락'은 김광균의 〈설야(雪夜)〉의 '머언 곳에 여인의 옷 벗는 소리'와 비교했을 때, 눈이 내리는 소리를 옷 벗는 소리로 표현한 발상은 유사하지만, 〈눈 사랑〉이 더 섬세하고 감각적이며 생동적이다. 3연은 눈이 내린 것으로 얻게 되는 효과를 나무와 생략된 시적화자 '나'를 통해 표현하였는데, 나무에게는 생명수이고, 먼지가 껴서 무디어진 시적화자에게는 가슴속에 서려 있는, 아름다운 만남의 기대로 마음에 파문이 일어나는 설렘을 가져다주었음을 노래했다. 눈이 나무에게 생명수이듯이 '나'에게도 영혼을 일깨우는 생명수임을 넌지시 말하고 있다. 이런 의미를 '서린 고운 기다림 휘젓는다'고 시적 허용을 이용하여, 한 줄로 압축하여 표현한 시인

김치홍

의 시적 표현능력이 돋보인다. 4연은 눈 내린 뒤의 아름다운 모습이 신세계임을 노래했다. 3연의 고운 기다림이 가슴 속을 휘젓던 사연이 그대와의 사랑에서 비롯된 것이었음을 말하면서, 그 그리움은 맑고 반짝이는 설원이었고, 내면의 신세계였음을 알 수 있다. '밤새 눈이 내렸다'라는 평범하고 무미건조한 설명적 진술이 되었을 이 장면을, 시인의 눈을 통해 아름다운 그림으로 펼쳐져 우리 앞에 신세계로 다가왔다.

이런 서정성이 짙게 드러난 시들이 많은데, 이런 경향은 이 시인의 시의 소재가 계절과 관련된 것이 주류를 이루고 있다는 데서 확인할 수 있다. 봄의 다양한 현상과 꽃들, 서울의 눈 등이 특히 많은 감각적인 서정성을 한껏 드러낼 수 있는 소재들이다.

2. 대상성의 내면화

시적 자아는 미메시스(mimesis)를 통해 객관적인 대상이나, 주어진 이상적이고 규범적인 모델을 흉내 내고 닮고 베낀다. 그러한 과정에서 대상에 동화되고, 대상과 합일한다. 대상과 합일됨으로써 부박(浮薄)한 현실에서 정신적으로 존재론적 구원을 받는다. 여기서 대상을 내면화함으로써 객체였던 대상이 서정적 주체와 동일성을 이루게 된다. 따라서 대상을 바라보는 시선은 객관적인 대상을 직관적으로 파악하고, 내면화하는 과정에서 시가 형상화한다. 이 과정에서 김인녀 시인이 시를 만들어내는 재주는, 아주 평범한 소재에서 재치 있는 표현으로 시를 형상화했다는 것은 이미 앞에서 지적한 바 있다.

삶의 현대화로 5일 장터는
골동품처럼 먼 시골에서야 만날 수 있다

보따리 보따리 흰 머리 아낙들
귀퉁이에 알곡 뭉치 말린 산나물로 채운 전시장

한 전설을 일깨우는 듯
뻥튀기 아저씨 신나게 기계를 돌린다

한겨울 녹이는 순대국밥집 김이 모락모락
줄을 늘어선 옛날 호떡집에 열기 뜨겁다

쌀집 어물전 옷가게 풍성하게 늘어서
작은 한 세상 많은 사연이 질펀하다

한 줌 햇빛도 서러운 저녁놀 비켜 가는 장터
한도 많고 흥정도 신명 나는 장터에
저녁이 늦도록 취해 붉게 빛난다.

『겨울 5일 장터』 전문

 김인녀 시인의 장점은 탁월한 이미지 구사 능력이다. 이 작품에서 눈길을 끄는 것은 '한 전설을 일깨우는 듯/ 뻥튀기 아저씨 신나게 기계를 돌린다'는 표현이다. 이것은 간단히 말하면, 장터에서 아저씨가 뻥튀기 기계를 돌렸다는 객관적 사실을 표현한 것인데, 시인은 기계에서 들리는 소리를 통해 '한 전설을 일깨우는 듯'하다고 반가움을 피력하면서, 이제는 전설처럼 오래전에 있었던 것과의 만남을 기뻐하고 있다. 옛날에나 있었음직한 것들을 '골동품처럼 아주 먼 시골'의 5일 장터에서 만난 것은 놀라

김치홍

운 감회를 가져다주었음을 말하고 있는 것이다. 만일 '옛날에 보던 뻥튀기가 있었다'라고 표현했다면 얼마나 진부(陳腐)할 것인가. 2연부터 5연까지는 5일 장터의 모습을 벌려놓은 좌판처럼 펼쳐 보이고 있다. 5연의 '쌀집 어물전 옷가게 풍성하게 늘어서/ 작은 한 세상 많은 사연이 질펀하다.'는 겉보기에는 풍성한 듯 보이는 쌀집이나 어물전, 옷가게에는 서러운 사연이 많은 것을 드러낸 이 연은, '작은 한 세상'과 '많은 사연', 그리고 '풍성하게'와 '서러운'은 서로 대조의 짝을 이루고 있으면서 장터의 고달픈 삶의 의미를 강화하고 있다. 즉 넉넉지도 않은 삶을 사는 그들의 작은 세상에서 사람마다 사사건건 장터마다 가지고 있는 많은 사연들은 그들의 삶의 역사일 것이고, 풍성한 물건들로 넘쳐나는 듯하지만, 실상은 고달픈 삶의 공간이고 역정임을 말하고 있다. 마지막 연에서, '한 줌 햇빛도 서러운 저녁놀 비켜가는 장터'는 읽는 이의 가슴을 아프게 한다. 아직도 팔아야 할 것이 많은데 한 줌 남은 해는 서산에 걸려 있으니, 얼마나 초조하고 서글플 것인가. 시적 대상을 내면화하여 객체였던 대상이 서정적 주체와 동일성을 이루게 됨으로써 시적화자의 심적 상태가 독자에게 그대로 전이된 것이다. 이것을 시인은 거침없이 비약과 생략을 통해 간결하게 한 줄로 표현했다.

 서정주가 '한(恨)을 가장 아름답게 성취한 시인'이라고 한 박재삼(朴在森,1933~1997)은, 〈추억에서〉에서 진주장터 장사하던 어머니를 회상하는 대목에서 이렇게 썼다. "울엄매의 장사 끝에 남은 고기 몇 마리의/ 빛 발(發)하는 눈깔들이 속절없이/ 은전(銀錢)만큼 손 안 닿는 한(恨)이던가. 울엄매야 울엄매."장사 끝에 팔리지 못한 생선의 눈을 통해 한스러움을 표현하였다. 박재삼처럼 가난으로 한이 서린 것은 아니지만, 이 시인은 장꾼들이 장을 접어야 하는 그 시간까지 팔지 못한 물건을 바라보는 것을, '햇빛도 서러운' 장터라고 안타까움을 표현했다. 그래도 장이 파할 그 시간에 장터의 흥겨움은 남아 있어, '한도 많고 흥정도 신명나는 장터에/ 저녁이 늦도록 취해 붉게 빛난다.'고 하여, 이면(裏面)에 서러움이 숨겨진 장터의 흥겨움으로 마지막을 장식한다. 그것을 바라본 그의 시는 따사롭다.

 이러한 대상을 바라보는 시선은 과거의 정서와 현재의 실상이 교차되어 내면화되고 있음을 볼 수 있다. 이를 두고 볼프강 카이저(Wolfgang Kayser, 1906~1960)는 시간적 의미를 끄집어내기 위한 내면화라고 하면서, "서정적인 것 속의 세계와 자아는 정녕 자기 표현적 정조의 자극 속에서 융합하고 상호 침투하는 것이다. 즉 심리적인 것이 대상성에 깊이 파고들어서 그 대상은 내면화되는 것"으로써, "정조의 순간적인 고조를 띤 대상성의 내면화는 서정성의 본질인 것이다."라고 서정성의 본질을 규정하고 있다.(《언어예술작품론》, 김윤섭 역, 대방출판사, 1982, p.521.) 이런 대상성의 내면화는 감각적이면서도 섬세한 언어를 사용하여 이미지의 재현(再現)이 이루어지는데, 이러한 표현은 이 시인의 작품 곳곳에서 발견된다. "이른 봄 양지 바른 곳에/ 먼저 입술을 뾰족 내밀고/ 노란 웃음을 터뜨린다."(〈개나리꽃〉)의 경우, 개나리꽃이 핀 것을 형상화 한 것인데, 꽃잎의 모양을 '먼저 입술을 뾰족 내밀고'라고

김치홍

했는데, '먼저'는 잎보다 먼저 꽃이 피었음을 말한 것이고, 꽃잎 모양을 '입술을 뾰족 내밀었다'고 했다. 노란 꽃잎이 활짝 핀 것을 '노란 웃음'이라고 공감적 이미지로 구현하였는데, '웃음'은 청각이미지이지만, '노란'이란 시각이미지를 통해 표현한 것이다. 이것은 꽃이 활짝 핀 것이면서, 서정적 자아의 흡족한 모습일 수도 있다. 또, '큰 파도 해변에 이를 즈음이면,/ 지친 듯 산산이 부서지고/ 하얀 포말로 눈을 번쩍 뜬다.'(〈갯바위〉)의 경우도 단순한 상황을 간결한 이미지로 구축하였음을 보게 된다. 큰 파도 갯바위에 부딪치는 순간 파도는 먼 길을 오느라고 지친 듯이 부서지고, 그 순간 하얀 물보라가 일어난다. 갯바위에 부딪치는 모습을 시인은 갯바위가 눈을 번쩍 떴다고 하여 감각이미지로 표현한 것이다. 이와 같이 이 시인은 단순한 정경을 내면화하고 평이한 언어를 구사하여 탁월한 이미지를 형상화하였다.

 이 시인이 대상을 내면화하는 것은 인간의 보편적인 삶에서도 보인다. 평범한 일상에서 사소한 소재를 통해 인간존재에 대한 근원적인 질문을 던지고 있다. 다음 시는 다육이라는 식물체 하나를 두고 거기서 파생되는 집착과 욕심이 초래하는 삶의 모습을 넌지시 보여주고 있다. 평범한 일상에서 간혹 과욕이 화(禍)를 부른다. 과유불급(過猶不及)은 차라리 나은 편이다. 모자람으로 끝이 날 터이니까. 그러나 불급이 아니고 과유(過猶)가 오히려 앙화(殃禍)를 초래할 수도 있다.

    지난 겨울 많은 다육이

다 녹아 사라지고 남은 한 포기
깨알 같은 꽃봉오리 힘겹게 밀어 올린다

잎에 비해 빈약한 꽃대
손톱눈 같은 꽃송이가
허약하게 나부낀다
.
시들시들 늘어질 적마다
부지런히 물을 주어
진한 사랑을 퍼부었다

다육은 내게 호소한다
과함은 부족함만 못하다고
내 과한 사랑이 너무 숨차서 힘들다고
　　　　　　　　　　　『다육의 호소』전문

　다육(多肉) 식물 혹은 다육은 건조한 기후에서 생존하기 위해 잎이나 줄기, 혹은 뿌리에 물을 저장하는 구조를 지니고있는 식물들을 말한다. 햇볕만 내리쪼이는 석회토에서 스스로 생존 조건에 맞도록 체질화한 것이다. 비록 척박(瘠薄)한 환경일지라도 살아가기 위한 생존전략에 의해 생체구조를 변화시킨 것이다.

　이 시는 이렇게 체질화한 생명체 다육이 억압적인 외적 조건으로 삶이 말살되는 위기에 처해 있음을 보여주고 있다. 다육으로 체질화된 기간만큼 오랜 시간 적응할 수 있는 준비의 기간이 없이 어느 일순간 강압에 의해 삶의 조건을 박탈당하여 절명의 위기에 놓여 있음을 말하고 있다. 이미 다육은 시련을 겪어, '다 녹아 사라지고' 몇 포기만 남았을 뿐이

김치홍

었다. 그런 상황에 있으면서도 자신의 책무를 잊지 않고 '깨알 같은 꽃봉오리를 힘겹게 밀어 올'렸으나, '빈약한 꽃대'가 사뭇 위태로운 상태에서 그 자태를 드러내고 있었다. 이를 염려한 외부적인 보호자의 욕심이 부지런히 사랑으로 물을 주게 했다. 그러나 그 사랑은 외부의 간섭자가 판단한 사랑으로, 다육의 의사와는 아무런 관계가 없는 것이다. 아니 그 진한 사랑은 오히려 집착이라는 독이 되어 다육을 숨차게 하고 있다. 이런 개인의식에서 시적 감수성도 미적 본질을 이루는 요소로 크게 인식되고 있음을 볼 수 있다. 그 증거는 대상을 투시하는 시인의 인식능력과 감수성, 그리고 그것을 시화하는 세련성에서 찾을 수 있다.

인간관계에서나 민족이나 국가 간의 경우도 마찬가지일 것이다. 다른 나라의 일에 개입하는 것이나, 남의 종교에 개입하여 자신의 것만을 옳다고 강요하고 주장한다면, 당사자들의 생존 조건을 급격하게 변화시켜서 생존 조건의 질서를 붕괴시키게 됨으로, 그것은 월권을 넘어 폭력에 의한 강압이나 침략이 될 수 있다. 어느 민족이나 개인에게는 그 나름의 역사와 전통이 있고 그에 의해 형성된 정체성이 있다. 그러나 그것을 무시하고 힘으로 개입하여 변화를 추구한다면, 그 당자(當者)는 생존의 위기에 직면할 수 있다는 아주 극히 상식적인 이야기이지만, 흔히 간과(看過)한다.

3. 삶에 대한 반성적 시각

 서정시가 동일성의 세계를 지향하는 과정에서 하나의 가치판단이 개입되어 나타나는 것임을 앞에서 언급했다. 시적 주체가 대상을 선택하여 바라보는 순간 사물들이 가지고 있던 기존의 가치들은 해체되고 새로운 이미지로 이루어지고, 시적 자아의 의지와 새로운 이미지에 의해 새로운 질서를 획득하여 또 다른 세계가 열리게 된다. 이 과정에서 시적화자의 가치관이 개입되어 새로운 통합을 도모하려는 의지로 나타나게 되는 것을 보게 된다. 이것이 지속적으로 반복되면 시인의 정체성(正體性)으로 나타나게 될 것이다.

> 밤에는 무한한 우주를
> 그리고 풀숲을 비추는 달덩이는
> 중생의 골목 골목을
> 어김없이 비추는 것이 세상 이치다
>
> 대낮에 길을 잃고 멍하니
> 혼자 떠 있는 낮달은
> 세월에 밀려온 우리의 얼굴처럼
> 낯설기만 하다
> 『낮달』 부분

 달은 밤에 뜬다. 그것이 일반적인 현상 인식이다. 예외적으로 낮에 뜨기도 하는데, 그것을 낮달이라고 한다. 낮달은 낮에 보이는 달이다. 사실 달은 늘 떠 있으면서도 햇빛 때문에 낮에는 보이지 않다가 간혹

반달이 되어 저녁 무렵 보인다.

　김인녀 시인은 낮달을 대낮에 길을 잃은 존재로 인식했다. 밤에 나와서 무한한 우주를 비롯해서 풀숲과 중생의 골목골목까지를 비추는 것이 달에 대해 일반적으로 인식한 세상의 이치이다. 일반적인 세상의 이치는 살아가는 원리가 되며, 보편적이고 상식화 되어 궤도처럼 되어 있다. 이것이 질서가 되고 윤리의 근원이 되며 전통을 이룬다. 그리고 역사를 만든다. 유발 하라리((Yuval Noah Harari,1976~)는, 우리는 이렇게 모두 태어날 때부터 특정한 규범과 가치가 지배하고 독특한 정치 경제제도가 운영되는 역사적 현실에 놓여 있고, 그런 현실이 운명이고 필연이고 변할 수 없는 것이라고 생각하면서 당연하게 받아들인다(《호모 데우스--미래의 역사(Homo Deus : A Brief History of Tomorrow)》, 김병주 역, 김영사, 2018, p.91.)고 하였다. 그는 이것을 더 구체적으로 말했는데, 윤리적 지식도 필요한 감수성에 의해 이루어진다고 하면서, "인간은 양심을 완비하고 태어나지 않는다. 인생을 살면서 상처를 주고받으며 동정을 베풀고 받는다. 주의를 기울이면, 도덕적 감수성이 예민해지고, 축적된 경험들은 무엇이 선이고 무엇이 옳고, 나는 누구인지에 대한 가치 있는 윤리적 지식의 원천이 된다."(앞의 책, p.330.)하였는데, 윤리적 지식의 원천의 토대가 일상성에 의한 도덕적 감수성의 결과라는 것이다. 일상성에서 벗어나면 톱니바퀴가 빠진 것

같이 방향을 잃게 되어 흔들린다. 그런데 밤에 있어야 할 달이 낮에 문득 나타난 것이다. 달이 세월에 밀려오다가 어느 순간 방향을 잃고 떠밀려온 존재인 시적 자아처럼 되었다. 험한 세월에 휩쓸려 정신없이 바쁘게 살다가 어느 순간 자신을 보며 낯설어하듯이, 낮에 나온 달이 낯설게 보인 것이다. 오랜 삶에서 낮달처럼 보일 때가 많다. 이치에 어긋나거나 일상성에서 벗어났을 때이다.

그러나 이런 낮달에 대한 선입견을 벗어나서 다른 관점에서 바라보면, 또 다른 이치가 존재하는 것을 깨닫게 된다. 낮달은 존재하면서도 눈에 띄지 않았을 뿐이라는 사실을 기억해 낸다면, 마치 자신의 일에 몰두하여 열심히 살다가, 한발 물러서 자신의 모습을 가끔 봄으로써 낯설지 않듯이, 낮달이 어느 날 갑자기 나타난 것이 아니라, 가끔 보이는 낮달 그 자체도 일상적이라는 사실을 이해하게 될 수도 있다. 이와 같은 비일상성(非日常性)의 일상화(日常化)는 축적된 경험에 의한 삶의 틀을 바꿀 수도 있지만, 지나칠 경우 삶의 이치를 잃어버릴 수도 있다.

이와 같은 현실을 바라보는 시인의 시선은 삶의 이치가 어긋나 있는 것을 목도(目睹)하고 비일상성이 일상화 되어 가는 것을 이야기하게 된다.

가는 곳마다 빈자리를 찾느라
젊은이나 늙은이나
눈알을 번뜩인다

전철 속사정은

김치홍

경쟁이 더 심해져
노인석도 앉기가 어렵다

세상은 살기 좋아지고
곳곳에 교회도 많지만
인정은 왜 더 각박해지는 것인가

마음이 가난한 탓인가
이타주의는 간데없고
내 영혼만 점점 야위어 가누나
　　　　　　　　　『가난한 마음』 전문

  국제통화기금(IMF)은 한국을 '선진 경제권'으로 분류하고 있다고 한다. 앞에서 언급한 유발 하라리도 한국을 일본과 함께 선진국으로 언급하고 있다.(앞의 책, p.478.) 그리고 인구 5000만 명이 넘고 1인당 국민소득 3만 달러를 넘는 국가를 30-50 클럽이라고 하는데, 2018년 한국은 역대 7번째 국가로 이 클럽에 속한다고 한다. 세계 최빈국이었던 대한민국은 1945년 광복 후 73년 만에 1인당 소득 3만 달러를 넘어서며 선진국의 대열에 합류하게 된 것이다.(1953년 국민소득은 68$) 이것이 21세기 한국의 경제수준을 가늠해주는 지표 중 하나이다. 그러나 경제적으로 좋아진 것만큼 선진적인 문화의식과 정신적인 성숙도 이루어졌는가 하는 것은 별개의 문제이다.

  이 시는 경제적으로 풍요해지고 교화의 수단이 되는 교회가 많이 있지만, 그에 걸맞지 않게 인정이 각박해지는 것을 개탄하고 있다. 세상이 각박해져 가는 것을 지하철 속의 풍경에서 찾아냈다. 비단 지하철에서만 일어나는 광경은 아니고, 도처에서 현재 실제로 일어나는 상황이고 보면, 이런 현상을 타박할 만하다고 볼 수 있다. 경제적으로 부유해졌지만 인심이 각박해진 이유를 시인은 마음이 가난한 탓이 아닌가 하고 의심하고 있다. 이타주의는 사라지고 이기주의만 팽배해 있는 현실을 보는 시인은, 물질적 풍요 속에 내재한 '가난한 마음'으로 영혼이 고갈되어 가고 있다고 자탄을 했다. 이러한 판단은 인간의 본질적인 존재에 대한 인식이 주축이 된 성찰의 결과라고 할 수 있다.

4. 여름날 긴 노을 같은 한 줌 햇살

 김인녀 시인의 시에서는 자신의 일상적 삶에서 느껴지는 소회(所懷)를 시로 쓰기도 했다. 특히 21세기 벽두부터 우리 사회가 노령화되어 가고 있는 현실을 모두가 심각한 문제로 인식하고 있는 것이고 보면, 꼭 당사자가 아니어도 관심을 두지 않을 수 없는 공동의 문제일 것이다. 경제적으로 파급될 상황이나, 민족의 역사와 관련된 문제에서도 결코 소홀히 할 수 없는 것이다. 그러나 나이듦에 대한 것은 당사자만의 짊어져야 할 사회적인 문제가 아니다. 한때 우리 사회를 책임졌던 중추적 위치에 있기도 했고, 경제발전에 주춧돌이 되기도 했지만, 세월의 흐름을 거스를 수 없어 뒷전으로 물러섰을 뿐이다. 그

렇다고 그들이 자신의 삶에 대해 집착하여 기득권을 틀어쥐고 있는 것도 아니고, 더 달라고 요구하는 것도 아니다. 그들은 오히려 모두를 놓아버렸다.

> 세월이 꿈같이 갔다고
> 나이를 셀 사이도 없이 늙었다고
> 한숨짓지 않아도 몸이 먼저 안다
>
> 삼단 같던 머리카락 은실같이 날리고
> 복사꽃 같던 볼은 움푹 파이고
> 세월을 말하는지 마디마디 비명이다
>
> 무릎은 찬바람 쌩 지나고
> 눈은 안개에 가리어 헤매는데
> 느느니 뱃살 반갑지 않다
>
> 한 겨울에 엄습하는 허기가
> 목까지 차와도 찾는 것은
> 양지에 한줌 햇살뿐이다
> 『겨울 한기』 전문

 이 시에서 '겨울 한기'는 추운 겨울에 느끼는 차가운 기운일 수도 있겠으나, 인생의 겨울에서 마음에 느끼는 한기(寒氣)일 것이다. 1연에서 '나이를 셀 사이도 없이 늙었다'는 말은 아주 바쁜 일정 속에 살았음을 의미하지만, 이 말 속에는 무엇 때문에 그리 몰두해야 했고, 뒤도 안 보고 살았던 것에 대한 자탄(自歎)과 회한(悔恨)이 배어있다. 2연은 아름답고 건강했던 몸이 이제는 머리는 희어지고, 볼을 움푹 들어가고, 군데군데 비명이 날 만큼 망가진 채로 남아있음을, 3연에서는 무릎이 시리고 눈은 어두워지고 뱃살은 늘어가는 기형적인 모습을 지니고 있음을 직

설적으로 말하고 있다. 2연이 젊은 시절의 모습이 사라지고 아픈 증세가 나타나는 것을 말한 것이라면, 3연은 2연을 보완하여 눈은 어두워지고, 무릎은 시리어지는 등 신체적으로 병의 증세가 감지되고 있음을 말한 것이다. 4연에서 현재의 자신의 내면이 '한겨울의 한기'가 목까지 차올랐음에도 '양지의 한 줌 햇살'을 기대하는 것은 잊혀지지 않는 과거 때문일까? 아니면 아직도 해야 할 일이 남아 있음을 의미하는 것일까? 아마도 이 시인은 계속해야 할 시 쓰기의 소임을 염두에 두었을 것이다. 이것은 어쩌면 한 줌 햇살로 끝날 것이 아니라, 여름날 긴 노을처럼 아름답게 불타오를지도 모를 일이다.

 이 시인에게 한 줌 햇살이 겨울의 짧은 저녁놀이 아니라, 여름날의 긴 노을 같이 오래 남아 황홀한 삶이 될 것을 기대할 수 있는 것은, 그의 삶의 역정을 굳이 되짚어 보지 않아도 다음과 같은 시를 보아 유추할 수 있다.

>위축되지 말자
>빛바랜 세월이 가물거린다고
>노을이 창틀 위에 앉았다고
>
>힘을 내자
>마음 깊은 곳에 아직 열정이 있고
>젊음의 푸른 희망 있으니
>
>비상을 꿈꾸자
>해는 내일 다시 뜨고
>한강 물은 멈추지 않으리니
>						『비상의 날개』 전문

김치홍

이 시는 세세한 설명을 덧붙이지 않아도 쉽게 이해할 수 있는 평범하고 보편적인 시이다. 그러나 이 시에서 이 시인의 삶의 의지를 읽어낼 수 있다. 한때는 찬란했던 것이 이제는 모두 '빛바랜 세월'이 된 현재에서 위축된 삶을 극복하려는 의지는, 영화 〈바람과 함께 사라지다'(Gone With The Wind)〉에서, 모든 것이 마치 안개 속으로 사라진 것처럼 되었을 때, 스칼렛 오하라는 들판에서 붉게 물든 저녁노을 바라보며, '어쨌든 내일은 내일의 태양이 떠오를 테니까(After all tomorrow is anther day)'라고 한 것처럼 비장하지는 않지만, '마음 깊은 곳에 아직 열정이 있고,/ 젊음의 푸른 희망'이 남아있어 다시 뜨는 해나 멈추지 않는 한강처럼 또다시 열정을 불태울 것임을 다짐한다. 이제는 한 발 물러선 현실에서 위축되지 않고 또 다른 방식으로 뜨거운 삶을 엮어가려는 시적 자아의 의지는 '겨울 한기'를 뛰어넘는 '비상의 날개'로 승화되고 있다.

　인간은 본질적으로 운명 속에서 살아갈 수밖에 없다는 존재이기 때문에 이에 대한 근원적인 자각에서 빚어지는 슬픔은 피할 수 없지만, 비상을 꿈꿀 수 있는 의지가 겨울 한기를 극복하고 있다고 풀이할 수 있다.

5. 고향, 그 회억(回憶)의 공간

　앞에서 서정시는 시적 주체와 객체 혹은 세계가

하나로 융합된 이상적인 상태인 동일성의 세계를 지향한다고 말했는데, 근대 이후 동일성의 세계는 유토피아의 세계를 지향하는 것으로 나타났고, 인간이 자연과 신이 조화를 이루며 존재하는 공간인 선험적 고향, 근원적인 고향을 지칭하게 되었다. 이 선험적 고향에의 지향은 현재의 불완전성을 비판하고, 개혁할 수 있는 미래에 대한 염원을 나타내는 지표로 기능할 수 있다. 이런 관점에서 고향을 노래하는 것은 단순한 고향에 대한 상념이나 그리움만을 노래한 것이 아니라, 현실의 불안감과 미래를 전망하기 어려운 처지에서 심적 위로를 줄 수 있다.

　김인녀 시인의 작품에는 고향에 대한 그리움을 노래한 것이 많다. 고향은 옛 추억을 회억(回憶)하는 중요한 제재 중에 하나이다. 어린 시절을 다시 불러내서 애틋한 그리움을 표현하는데 배경이 되는 고향만큼 효과적인 것은 없다. 고향을 시로 쓰는 방식은 여러 가지가 있겠지만, 모티브가 되는 소재에서 고향을 상기하는 방법이나, 고향을 상상하면서 어떤 특정의 소재를 추억하는 경우가 있다.

　　따뜻한 그대 숨결
　　잠자는 내 볼을 간지르고
　　부드러운 그대 숨소리
　　고요 속 내 귀에 속삭인다

　　바람타고 날아온 그대
　　가슴을 두드리고
　　잔잔한 호수에
　　물수제비 뜬다

김치홍

찰랑찰랑 잔물결 일고
햇빛에 반짝 반짝
온 세상이 빛나고
행복으로 부푼다

타는 눈동자
뜨거운 정열 이글거리고
사뿐히 내 어깨를 토닥이고
끌어안는다

마음속에 스며들어
뛰는 내 심장
하늘 가득 지금 터질듯
가슴속에 나비가 수만 마리
날아오른다

『꽃바람』 전문

 이 시는 봄이 오는 계절감을 노래하면서 과거의 회상으로 빠져드는 형식으로 되어 있다. 1연에서 촉각이미지와 청각이미지를 통해 봄이 왔음을 제시하고, 2연에서 따뜻한 바람과 함께 온 봄은, 고향의 봄에 대한 그리움이 잔잔한 호수에 물수제비 뜨는 회상으로 다가왔고, 3연은 2연을 발전시켜 찰랑거리는 잔물결이, 햇빛에 온 세상을 반짝반짝 빛이 나는 행복감으로 차오른다. 4연은 고향과 교차 되어 나타나는 봄의 정경을 바라보는 정열의 눈을 통해 깊숙이 내면화된다. 5연은 봄의 꽃바람으로 잠시 고향을 느꼈던 시적자아는 수백만 마리의 나비가 비상하는 환희에 젖어든 것이다. 잠시 봄바람으로 어린 시절을 회상하면서 봄의 정취를 만끽한 것이다. 이

것은 선험적으로 존재하는 고향이 내면적인 고향을 찾음으로써 충족감을 얻고 마음의 평안을 느끼는 것이다.

 반면에 다음의 시는 앞의 시와 반대로 고향을 회상하면서 계절의 정취를 노래한 것이다. 이 시에서 네 계절은 문득 고향을 기억하는 매개체로, 그리고 과거와 현실을 이어주는 연결 고리인 셈이다.

문득 문득 떠오르는
먼 고향의 푸른 언덕
밀 보리 익는 고향의 언덕
추억의 색실로 수(繡)를 놓는다

양로원이 된 우리 집은
뒷산의 언덕을 내려와
풀 향기로 가득 찬
옹달샘이 거기 있고

봄에 고운 진달래
여름에 달착지근한 느릅나무
가을에는 새콤한 빨강 찔광이
겨울에 달디 단 각가지 옛 맛 새롭다

살진 언덕 위에 보리피리 불면
종달새는 공중에서 노래하고
외양간에 황소가
목청을 돋우었다

언제 가보리
북녘땅 고향 언덕
살아생전 단 한 번만이라도

김치홍

찾아가 봤으면
　　그리운 나의 고향

『고향의 언덕』 전문

 이 시는 '고향의 언덕'이라는 소재가 회상의 모티브가 되고 있다. 1연은 수(繡)를 놓을 만큼 아름다운, '밀 보리가 익는 고향 마을의 언덕'을 상상하고 있다. 2연은 풀향기로 가득찬 옹달샘이 있고, 시적 화자가 태어나고 자랐던 고향집은 어느 순간 양로원이 되었고, 3연은 계절 별로 자랐던 된 봄에 진달래, 여름에 느릅나무, 가을에는 빨강 찔괭이, 겨울에는 달디 단 열매를 맛보았음을, 4연은 언덕 위에 보리피리 불면, 공중에서 노래하는 종달새와 외양간에서 목청을 돋우던 황소 등이 하나의 정경으로 펼쳐졌다. 5연에서는 이제까지 반추한 고향을 가 볼 수 없는 안타까움을 노래했다. 구체적 공간을 제시하고 거기서 사소한 것들이 회상의 요소들로 작동하고 있는 것이다. 변할 수 있는 서사적(敍事的)인 동적(動的) 소재보다 변하지 않는 정적인 소재들을 선택함으로써 옛 모습을 그대로 간직한 고향이 한편의 풍경화가 되어 설렘과 편안함을 느끼게 해 주고 있다. 그러나 이 시인에게 있어서 이 풍경화는 다시 그려도 똑같은 고정화 된 그림이 될 것이다. 더구나 고향이 북녘 땅이고 보면, 그림을 다시 그리기는 용이하지 않을 것으로 보인다.

6. 남는 말

시는 그것을 읽는 독자들에게 정서적 반응을 불러 일으킨다. 그 정서적 반응은 기쁨, 즐거움, 편안함, 분노, 놀라움, 혐오 등의 여러 가지를 다 포괄한다. 대체적으로 시에서 독자가 인생에 대해서나 현실 세계에 대해서 인식하고 있는 것이나 느끼고 있는 것과 유사한 것을 발견했을 때, 독자들은 동감함으로써 안도와 기쁨을 느낀다. 독자 자신이 그의 삶도 하나의 의미를 가질 수 있다는 것에 대한 확인에서 오는 안도와 기쁨일 것이다. 그러나 그와 다른 인생관이나 그가 거부할 수밖에 없는 인생관을 포함하고 있는 작품을 읽을 때, 독자들은 반발하고 적대감을 가지며 분노하게 된다. 그러면서 각기 서로 다른 경로를 통해 자신의 삶을 되돌아보게 하고, 삶의 가치를 판단하며, 새로운 다짐을 통해 기쁨을 누리기도 하고, 안타까움과 분노를 토로하며 절규하기도 한다. 많은 시인들이 보편적 정서를 노래하는 이유가 여기에 있다.

 김인녀 시인의 시집 《꽃잎 사랑》에 들어 있는 시들은 공감영역이 넓다. 아름다움과 기쁨을 줄 수 있는 소재들을 선택함으로써 쉽게 감각적으로 접할 수 있다. 그리고 그의 시는 따사롭다. 세상을 보는 눈이 너그럽고 사뭇 긍정적이기 때문이다. 그러면서 이미지 구사능력이 탁월하다. 특히 감각적인 시어의 구사와 시인만이 누릴 수 있는 비약적이고 비논리적인 문장은 시적 허용으로 상상의 공간을 넓히고 있으며, 언어의 흐름을 매끄럽게 하고 있어 음악성을 돋보이게 한다. 특히 대상을 내면화하는 과정에서 이상적 세계를 향한 의도는 서정시의 완결미를 보이

김치홍

고 있다. 인간의 근원적인 향수에서 비롯된 그리움과 기다림 그리고 행복을 노래하는가 하면, 한편으로는 비움을 예찬하기도 한다. 그런가 하면 사물과 세상을 보는 시각이 사뭇 이채롭다. 뜻하지 않게 민감한 계절의 변화를 일상적 언어로 서정성을 획득하게 하는 솜씨는 놀랍다.

 바라기는 인간의 보편적 가치에 대한 탐색이 덧보태진다면, 인간존재에 대한 거시적 안목으로 나타날 것으로 기대된다. 문학이 이데올로기를 전파하는 도구가 되어서는 안 되며, 예술적 창조에 그 기반을 두어야 한다는 것은 더 말할 필요가 없다. 그러나 평범한 인간의 삶에서 인류의 보편적 가치를 추구하려는 것이 시가 존재하는 하나의 의미의 일수 있다면, 이를 외면하기보다 적극 수용하는 것도 해볼 만한 가치 있는 일일 것이다.

창작동네 시인선 110

제 2 시집
나목의 노래

김인녀 詩集

도서
출판 노트북

창작동네 시인선 116

꽃잎 사랑

인 쇄 : 초핀인쇄 2020년 03월 30일
지은이 : 김인녀
펴낸이 : 윤기영
편집장 : 정설연
펴낸곳 : 노트북
등 록 : 제 305-2012-000048호
본 사 : 서울시 동대문구 사가정로 256-4호 나동B101
전 화 : 070-8887-8233 팩시밀리 02-844-5756
이메일 : hdpoem55@hanmail.net

2020.04 꽃잎 사랑_김인녀 세 번째 시집

정 가 : 10.000원

ISBN : 979-11-88856-17-6-03810

*저자와의 협의로 인지는 생략합니다.
*잘못된 책은 교환해 드립니다.